Dra. Blanca Quiñones

Mi Pequeño Gran Librito de Oraciones

"La oración es un acto de Fe, cuando hay confianza en que Dios no solamente escucha todas nuestras oraciones, sino que también las contesta con milagros"

Mi Pequeño Gran Librito de Oraciones

DRA. BLANCA QUIÑONES

SPIRITUAL WORLD
Publishing

SPIRITUAL WORLD PUBLISHING
BQUINONES, LLC
500 N RAINBOW BLVD, SUITE 300,
LAS VEGAS, NV 89107

Tapa blanda: ISBN: 979-8-9920973-2-0, ISBN: 979-8-9920973-4-4, ISBN: 979-8-9920973-5-1
Libro electrónico: ISBN: 979-8-9920973-3-7, ISBN: 979-8-9920973-6-8

Primera edición de bolsillo: junio de 2025
Primera edición de libro electrónico: junio de 2025
Editado por la Lic. Sandra Cisneros Reyes
Portada de la Lic. Sandra Cisneros Reyes
Diseño del libro de la Lic. Sandra Cisneros Reyes
Impreso en Estados Unidos de América

Spiritual World Publishing
B QUINONES LLC
500 N. Rainbow Blvd. Suite 300
Las Vegas, NV 89107
Estados Unidos de América
www.spiritualworldpublishing.com
Teléfono: (702) 538-2785
En coordinación con Spiritual Vision TV: www.spiritualvisiontv.com

Dedicatoria

"Para mis tres hijas: Yesica, Aleyda, y Wendy, que son el milagro más grande que Dios me ha regalado, porque nunca pensé tener vida suficiente para poder ser madre".

Contenido

Introducción

Mi Pequeño Gran Librito de Oraciones, es el libro más grande que he escrito, por el gran poder que tiene la oración. Aquí he plasmado muchas de las oraciones que yo en momentos de tribulación, de tristeza, de ansiedad, de enfermedad, de miedo; he elevado al Cielo; son mis conversaciones con Dios. ¡Sí!, eso son las oraciones, hablar con Dios. Quiero contarles que una de las razones por las que escribí este pequeño gran librito, es por la muestra de los milagros que Dios ha obrado en mi vida. Una de las cosas más importantes que yo aprendí desde que tengo uso de razón, es el poder de la oración. La oración de dar gracias, de restauración, de sanación, de petición o ruego, es en cada instante y en diferentes situaciones; es la llave que abre puertas, el arma que nos defiende, y la medicina que cura todo mal; eso y ¡mucho más!, es el poder de nuestro Santo y Amoroso Padre.

Muchos podemos preguntarnos, ¿cuándo y cuál es el momento para orar? Yo les puedo decir que todo el tiempo; en los momentos de alegría hay que dar gracias, en los momentos de tribulación hay que pedir ayuda, en los momentos de júbilo hay que alabar al Señor. La oración es un cántico, no es solamente ¡pedir, pedir, y pedir!, sino también agradecer. Es dar gracias por todo lo que Dios nos ha regalado y nos sigue regalando a cada instante.

Estas oraciones son parte de mi vida. La forma en la que yo oro o rezo, o como ustedes le llamen, puede ser diferente de la forma en la que ustedes hablan con Dios. Cada uno de ustedes tiene su propia manera de orar y eso es normal. Este libro no está escrito para que aprendan a orar, porque todos podemos hablar con Dios. En este libro les muestro cómo yo, Dra. Quiñones, he venido hablando con Dios a través de la oración, desde que era una niña.

Si ustedes lo desean, pueden tomar como ejemplo la forma en la que yo hablo con Dios. Les puedo decir que cada una de estas oraciones ha sido de gran bendición, porque son una manera de comunicación con nuestro bendito Señor. Ustedes también pueden usar sus propias palabras, que salgan del corazón, que se conecten con su mente santa, para que esa oración la puedan ustedes sentir en todo su ser. Recuerden que cuando oramos, estamos hablando con Dios, estamos teniendo una comunicación con Dios, y cuando esa comunicación con Dios tiene la intervención del "Espíritu Santo", en verdad nos llena el corazón; nos llena de confianza, y de fortaleza. Les repito, ustedes pueden orar como sientan en su corazón que deben hacerlo, pero esta es la forma en la que yo oro, en la que yo rezo, por eso he escrito *Mi pequeño Gran Librito de Oraciones*.

Espero que sea de ayuda, que lo disfruten, que lo amen, que lo lleven con ustedes y que lo usen en cualquier instante de su vida; Por ejemplo, cuando estén tristes, cuando estén alegres o cuando ustedes sientan que tienen que elevar esa plegaria al Cielo, a Dios, y darse cuenta de que Dios les va a ayudar en todo momento de sus vidas.

Aunque ustedes sientan que no están recibiendo respuesta, Dios siempre les va a responder sus oraciones. Dios no solamente escucha sus oraciones, sino también las contesta, y si nosotros tenemos nuestro corazón y mente abierta al amor de Dios, vamos a poder ver las respuestas a nuestras oraciones. Vamos a ser testigos del milagro, pero no solamente testigos, sino que vamos a disfrutar de ese milagro, del milagro de sanación, de contemplación, de transmutación, de renovación, del milagro de salvación. Cualquiera que sea el milagro que ustedes estén esperando, ese milagro será manifestado porque están pidiendo y confiando en la grandeza de un Dios vivo.

En mi vida he visto muchos milagros manifestarse, pero no solamente los milagros que todos vemos a diario, que no los valoramos porque pensamos que es algo que tiene que ser de esa forma; como el aire que respiramos cada día. El aire que respiramos cada día es un milagro que no nos sorprende, pero cuando te dicen los médicos que tienes cáncer y vas a morir y no te mueres, ese es un milagro de admiración. Pero eso es falta de agradecimiento, porque los milagros de Dios son más grandes que esto; por ejemplo, ver un océano de agua que no se sale de su cauce, la tierra girando en un eje por 365 días para realizar una rotación completa, o el Cielo lleno de estrellas, la luna dándonos luz de noche, el sol calentando nuestros días, y nuestra perfección como Santos Hijos de Dios. Somos bendecidos con muchos milagros, pero no los queremos ver ni agradecer.

Yo he visto los milagros manifestarse en mi vida, milagros de sanación y salvación, y los agradezco desde lo más profundo de mi ser, pero también soy consciente de los milagros que Dios permite que se manifiesten cada día en nuestras vidas. No puedo mencionar todos los milagros, todas las oraciones contestadas, porque no hay papel suficiente para escribirlos, son infinitos, como infinita es la grandeza de Dios.

Mi Pequeño Gran Librito de Oraciones, es una inspiración de amor, de fe, de confianza, desde mi corazón para sus corazones, desde mi alma para sus almas, para que podamos hablar con Dios juntos a través de la oración, y disfrutar de los milagros con amor y agradecimiento.

Les invito a sanar orando los unos por los otros, la oración nos ayuda a sanarnos a nosotros mismos y a nuestros hermanos, y así podremos salvar al mundo, que eres tú y que soy yo.

Que la paz del Señor sea con todos nosotros.

¡Bendiciones infinitas!

Oración para toda situación

Señor, te pido que cuando mi fe se debilite, me sostengas con
fuerza, que cuando me sienta perdido(a), me encuentre
contigo,
cuando mi paciencia sea corta, me des tranquilidad,
cuando sienta enojo, encuentre en Ti, calma,
cuando me encuentre en la oscuridad, pueda ver Tu luz,
cuando tenga miedo, me fortalezcas.
Ayúdame, Señor, a no juzgar y ser tolerante.
Te pido que derrotes mi ansiedad en los momentos de
angustia.
Ayúdame a llevar luz y amor a los corazones rasgados.
Ponme, Señor, en el lugar donde debo estar.
Que sea yo un instrumento de amor, del dar y el recibir.
Que el miedo a la muerte no me perturbe.
Señor, en los momentos de dolor y enfermedad, cúbreme con
Tu luz de sanación.
En los momentos de peligro, cúbreme con Tu luz de
protección.
Señor, no permitas que me suelte de Tu mano.
Hoy te entrego todo mi dolor y el perdón que yo
inconscientemente no haya dado.
Permíteme, Señor, que, a la hora de mi muerte, tenga calma en
mi transición.
Así ya lo es, en Tu nombre que es Santo, Señor, amén.

Clamando al "Espíritu Santo"

Amado Señor, Dios, Padre, Divinidad, vengo ante Tu Presencia para pedirte que cuando el fuego de Tu "Espíritu Santo" no encienda mi corazón, me ayudes a subir mi vibración de amor y a poder sentir tu Santa Presencia a través de Tu espíritu.

Te pido, Padre, que mi copa siempre esté rebosando de alegría, de júbilo, el júbilo del "Espíritu Santo" morando en mí ser. Señor, Tú me diste la promesa del "Espíritu Santo", y lo que Tú das, no lo quitas; el "Espíritu Santo" mora en mí.

Permíteme, Señor, disfrutar y gozar de esa maravillosa manifestación de amor, donde hay paz, tranquilidad, sosiego, silencio, sanación; donde hay, Señor, calma, la calma de estar ante Tu Presencia.

Señor, yo te doy gracias por la presencia de Tu "Espíritu Santo" morando en mí ser, gracias, Señor, por la alabanza, porque puedo, Señor, alabar Tu santo nombre; porque puedo, Señor, hablarte y conocerte.

Gracias Señor, amén.

Oración de agradecimiento

Amado Señor, Dios, hoy vengo a Ti para darte gracias;
para darte gracias por este día, por este instante, para darte
gracias por la vida.
Te doy gracias por el amanecer, te doy gracias por mi felicidad,
por mi sonrisa.
Te doy gracias por la salud, gracias por la prosperidad.
Te doy gracias, porque soy completo(a) y no estoy
fragmentado(a). Gracias porque he comprendido que soy paz,
que soy luz, que soy amor.
Agradezco Tus bondades, agradezco Tu dulzura, agradezco
Señor, que estás aquí en mí, en mi alrededor, en mi corazón.
Agradezco, Señor, porque eres mi Padre, agradezco, Señor, por
toda la gracia y amor con que sostienes a la humanidad, el
planeta tierra, y el universo.
Gracias por toda la abundancia en bendiciones que caen sobre
mí.
Gracias por cada milagro, por cada bendición que derramas
sobre mí, sobre mi casa, sobre mi esposo(a), sobre mis
hijos(as), sobre mis nietos(as), y todas las generaciones venidas
y por venir.
Gracias por ayudarme a sentirme merecedor(a) de todas las
riquezas, que son Tus milagros.
Gracias por mis dones espirituales que me ayudan a escuchar
Tu voz a través de Tus Ángeles.

Gracias por la riqueza espiritual, la riqueza material, y todo lo que conlleva ser próspero.

Gracias, Señor, por permitirme ser sano(a), ser feliz y el "Ser".

Gracias, amén.

Oración de sanación

Amado Señor, Dios, Padre misericordioso y amoroso
dador de la vida, dador de los milagros.

Señor, yo sé que Tú has escuchado mi petición de
sanación y que también la has contestado, que Tú me has
dado la sanación, que Tú has respondido mi clamor.

Padre, te pido que me ayudes para que yo pueda sentir la
percepción de esa sanación que ya es en mí, que yo pueda
ver el resultado de mi sanación manifestarse.

Dame, Señor, la bendición de ver la plegaria que Tú has
contestado, porque sé Señor que ya me diste la respuesta.

Ayúdame a sentirme en comunión con mi espíritu,
derrama sobre mí, Tu "Espíritu Santo", y déjame vibrar
en el amor, en la santidad, para que yo pueda sentir que
Tú Señor me has sanado.

Mi fe, Señor, sé que está debilitada, pero con Tu Espíritu,
me levantaré.

Gracias, Padre, yo acepto la sanación.

Yo abro mi corazón y digo:

"Yo por mi libre albedrío, acepto que soy sano(a)",
amén.

Oración de sanación por un hijo o una hija

Padre amado, yo sé que Tú conoces mi dolor.

Yo sé que Tú estás mirando mi corazón sangrar.

Tal vez solamente sea una percepción de tristeza y desolación,

de ver a mi hijo(a) con tanto dolor, con tanto sufrimiento.

Padre, yo he confiado en Ti, en Tu divinidad, en Tu fuerza, en

Tu poder.

Yo sé Señor, que Tú contestas las oraciones.

Yo sé Señor, que Tú eres el dador de los milagros.

Hoy te pido que mi hijo(a) pueda ver el milagro de sanación,

que yo pueda, Señor, también sanar esta herida que llevo

sangrante en mi corazón, de ver el sufrimiento de mi hijo(a).

Señor, si mi hijo(a) debe tener ese aprendizaje de vida, ayúdale

a que pueda sobrellevar la situación desde el amor.

Te pido que mi hijo(a) no sufra tanto dolor, tanta tristeza, por

esa enfermedad que está percibiendo en este momento.

Yo te pido Padre amoroso y bueno, que permitas que mi

hijo(a) pueda sentir Tu amor infinito a través de Tus Ángeles,

cobijándole para que desaparezca el miedo.

Que Tu luz, Señor, sea presente dándole la fuerza para salir

adelante.

Gracias, Señor, amén.

Oración de sanación por una madre

Señor, Dios, Padre, Divinidad, todo lo que es, yo vengo a Ti para pedirte que me ayudes a ver el milagro de sanación en esta mujer que es mi madre en este plano terrenal, y que amo.

Señor, mi madre está enferma, mi madre sufre, Padre, yo sé que Tú puedes sanar cualquier dolor, sin importar lo que sea, y Tú estás en mi madre, ayúdale a que pueda percibirte como sanación.

Cubre Señor a mi madre con Tu luz de sanación, envuélvela en Tu amor y permítele sentir Tu Presencia en este instante, y que pueda levantar su corazón, que pueda elevar su espíritu y vibrar en santidad.

Que pueda mi madre, Señor, decir con amor, "hoy soy sana", Señor, ayúdale a vivir esta situación desde el amor.

No importa, Señor, sí mi madre va a trascender su cuerpo o se quedará en el plano terrenal, cólmala con Tu luz divina y perfecta.

Si es tiempo de trascender, recíbela con amor en Tus Altares Celestiales.

También te pido ayuda para poder entender este proceso de enfermedad de mi madre, este dolor punzante.

Ayúdame, mandando la luz de Tus Ángeles de sanación.

Guarda a mi madre bajo tu mirada, y guárdame a mí para que yo pueda sobrellevarlo con amor, amén.

Oración para sanar relaciones entre madres e hijos

Amado Señor, Padre, Dios del universo, te pido desde lo más profundo de mi ser, nos ayudes a mi hijo(a) y a mí, a tener una relación de armonía y de amor.

Tú, Señor, conoces mi corazón y sabes cuánto amo a mi hijo(a).

Pido, que nos ayudes a sanar todos nuestros miedos que están interfiriendo entre mi hijo(a) y yo.

Ayúdanos a permitirnos expresar el amor que sentimos el uno por el otro.

Por favor ayuda a mi hijo(a) a ser feliz y a poder experimentar el amor incondicional.

Por favor ayuda a mi hijo(a) a aceptarme a mí como soy, y a mí a aceptarlo(a) a él(ella) en nuestras circunstancias.

Te pido que nos ayudes a mi hijo(a) y a mí, a liberar todo sentimiento de dolor y resentimiento que no nos permite perdonar.

Por favor, ayúdanos a tener una relación cercana de amor, comprensión, y entendimiento.

Así ya es, amén, en el nombre Santo de Dios.

Oración para curar adicciones

Señor, Dios, Padre, yo entiendo que el deseo de los juegos de azar, de consumir drogas y otras sustancias tóxicas, es un ruego interno y petición de amor por el vacío existencial.

Por favor, ayuda a mi hijo(a) a sentir que está lleno(a) de amor, de amor infinito, amor incondicional, y que pueda llenar ese vacío. Ayúdale a soltar todo miedo que le esté bloqueando su entendimiento para sentir Tu amor y mi amor.

Yo te pido que remuevas todo sistema de pensamiento que le esté causando el deseo de jugar o consumir sustancias nocivas. Ayúdale a remover la impotencia y el deseo de no hacer nada, que se dé cuenta que está dañando su vida física, psicológica y espiritual.

Por favor, guía a mi hijo(a) hacia personas y situaciones, que le den el apoyo que él(ella) necesita para encontrar la fuerza, y dejar la adicción al juego, al alcohol y las drogas.

Yo como madre, te entrego todo mi dolor y me rindo ante Tu amor y Tu fuerza, para que Tú sanes a mi hijo(a).

Te pido que mandes Ángeles extras para mí hijo(a) y para mí, para que nos rodeen y levanten nuestro espíritu con amor,

Luz Infinita, que es Tu paz.

Así ya es, amén.

Oración para combatir el estrés

Señor, Dios, te pido que mandes a Tus Ángeles y Arcángeles al rescate, al Arcángel Rafael y al Arcángel Miguel.

Señor, siento que el estrés está tomando control de mi vida y necesito tu pronta ayuda.

Te pido que por favor me ayudes a soltar la presión que yo mismo(a) he puesto sobre mis hombros, ya no quiero seguir cargando con esta cruz de autocastigo.

Arcángel Rafael, "Luz sanadora de Dios", por favor cúbreme con tu energía verde esmeralda. Que mi cuerpo se pueda despojar del estrés que estoy sintiendo en este momento.

Arcángel Miguel, "Luz de fortaleza de Dios", por favor corta toda fuente de energía negativa de mis pensamientos de miedo y toda fuente de dolor, todo lazo que esté drenando mi fuerza.

Yo estoy dispuesto(a) a soltar todo hábito y costumbre de autocastigo, y cualquier otro sistema de pensamientos que me esté creando situaciones de miedo, dolor, y estrés.

Yo sé que hay tiempo suficiente para hacer todas las cosas que necesito, sin necesidad de estresarme.

Yo tengo el deseo de poder cambiar mi vida.

Te pido que me ayudes a disfrutar mi estado natural de ser feliz, como hijo(a) de Dios, creado(a) a Su imagen y semejanza.

Así sea, así ya es.

Gracias, Padre, Ángeles y Arcángeles.

Oración para ayudar a concebir

Señor, Dios, Universo, por favor acompáñame y ayúdame a mí
y a mi esposo(a).

Tú sabes Padre, que nosotros tenemos tanto amor para dar,
y nos gustaría grandemente poder compartir todo este amor
que hay en nuestros corazones, con un bebé.

Padre, te pedimos que nos ayudes a poder ser padres,
y que nos regales el don de concebir.

Por favor, mándanos a un alma maravillosa, llena de luz,
felicidad y amor, y permite que este sea nuestro(a) hijo(a).

Señor, Dios, si ser padres no está en nuestra misión de vida
terrenal, ayúdanos a aceptar nuestro plan Divino con amor y
fortaleza.

Yo lo pido en el nombre del Padre, del Hijo y del Espíritu
Santo.

Así sea, así ya es, amén.

Oración para la humanidad

Señor, Dios, permite que Tu luz venga a nosotros hoy
a través de tu Arcángel Uriel, para que ejerza su función
de provisión y abundancia en bienaventuranza.
Para que nos abastezca con la capacidad necesaria para atraer
esas riquezas de las que carecemos, ya sean materiales o
espirituales;
Para que podamos gobernar nuestro plano mental y que el ego
se aquiete.
También que nos ayude a regir nuestros pensamientos e ideas,
la creatividad, la magia, el juicio, la alquimia, la astrología,
el conocimiento universal, el flujo universal cósmico,
y todo el ambiente terrenal.
Que el Arcángel Uriel rija nuestra paz a nivel interior,
y que brinde a la humanidad el don de la iluminación,
que es la realización de la Divinidad dentro de nosotros
mismos.
Así ya es, amén.

Oración, entrando al mundo de la sanación con Ángeles

"Amado Dios, hoy por mi libre albedrío, yo me reconozco y me acepto como un "Ser sano".

Tengo la capacidad de sanarme a mí mismo(a) y ayudar a sanar a los demás.

Hoy me comprometo a ser parte del grupo de la sanción con energía angélica, y te pido el valor, la fuerza, la seguridad, la sensibilidad, la entrega, la misericordia, la compasión, la inspiración, la sabiduría, y, sobre todo el amor para poder desarrollar mi trabajo como sanador(a).

Hoy por mi libre albedrío, me uno a la banda de los Ángeles de sanación de energías discordantes en el plano terrenal y nivel cósmico y etéreo del Arcángel Miguel, para poder sanar seres encarnados y desencarnados que estén vibrando en una energía que no sea amorosa.

Me uno a la banda de los Ángeles de la sanación del Arcángel Rafael, para poder llevar luz y curación en todas las dimensiones de espacio y tiempo.

Me uno la banda de los Ángeles de la misericordia del Arcángel Zadquiel, para usar la luz de la transmutación.

También me uno a la banda de sanación de los siete Arcángeles, de los 72 Ángeles, y a toda la Luz Celeste de sanación.

Hoy comienzo mi trabajo espiritual de sanación desde mi alma y mi corazón, guiado(a) al frente por la mano del Arcángel Miguel.

Hoy soy un(a) sanador(a) con la energía angelical, la luz universal de Dios.

Recibo mi responsabilidad como mi misión de vida con toda conciencia, humildad, respeto y agradecimiento, pero sobre todo la recibo con todo mi amor.

Así sea, así ya es".

Oración por todos los niños enfermos del mundo

Señor, Dios, permite que una nube blanca y azul celeste de
Ángeles proteja a todos los niños del mundo.

Te pido que Ángeles y Arcángeles acompañen a estas almas
nobles encarnadas en estos pequeños cuerpos, para que puedan
terminar su doloroso aprendizaje de vida.

Padre, te pido por los niños que sufren cáncer o cualquier otra
enfermedad terminal,

que Tus Ángeles de la banda de la sanación se hagan presentes,
llevándoles una pronta y completa recuperación.

Permite que estos niños puedan sentir en sus corazones, el
gozo de ser parte de Ti.

Dadles, Señor, la fuerza para seguir adelante y terminar su
misión terrenal en victoria.

Ayúdales, Señor, a sanar, mente, cuerpo y espíritu, y que un
arcoíris de Luz Celeste sea derramado sobre ellos brindándoles
paz.

También te pido Señor, por los padres y familiares de estos
niños, que son parte de este aprendizaje. Ayúdales dándoles la
fortaleza necesaria.

Que Tus Ángeles y Arcángeles los acoracen con su luz.

Bendice, Señor, sus hogares, hospitales, escuelas, su
transportación, sus alimentos, y cada lugar donde ellos se
encuentren.

Bendice, Señor, su economía para poder pagar gastos, y para que estos padres y familiares puedan tener un descanso.

Que el amor se haga presente en sus vidas con sanidad y abundancia infinita.

Así ya es, amén.

Oración para encontrar trabajo

Amado Señor, Dios, Creador de todas las cosas, pido Tu guía
para que yo encuentre un trabajo.

Te pido que, por favor, me ayudes a poder ver esa puerta que
Tú y Tus Ángeles están abriendo para mí en este momento.

Yo te pido con toda mi fe puesta en Ti que me des señales
claras y precisas que me van a guiar a ese nuevo trabajo, donde
mis talentos y mis intereses van a ser usados grandemente para
mi propio beneficio y el beneficio de los demás.

Padre bendito, por favor, ayúdame a sentirme merecedor(a) de
un nuevo trabajo maravilloso, donde pueda brillar con mis
dones y ser feliz.

Por favor, ayúdame a deshacerme de todo miedo, ansiedad, y
nerviosismo, durante el proceso de entrevistas.

Te pido que pongas delante de mí, a personas llenas de bondad
y amor, con las cuales pueda sentirme en sintonía.

Por favor, mándame Ángeles extras para que me den fuerza, y
así sentirme confiado(a) y seguro(a).

Dame el coraje y la certeza para confiar completamente en que
Tú y Tus Ángeles están guiándome y protegiéndome en este
aprendizaje de vida.

Así sea, así ya es, amén.

Oración para cortar votos kármicos del pasado

Amado Señor, Dios, te pido la presencia de Tus siete
Arcángeles y su ayuda.

"Yo, hoy te pido que por favor me ayudes por este medio, a
cortar todo voto de sufrimiento, sacrificio, pobreza, venganza,
enfermedad, castidad, silencio, soledad, y dolor, que yo haya
hecho en esta o en otras vidas.

Yo, hoy por mi libre albedrío, revoco todo efecto negativo de
votos pasados, presentes, o que puedan venir; los
corto en todas las dimensiones de espacio y tiempo.

Hoy y para siempre queda todo voto de dolor disuelto y sin
efecto, y me proclamo como lo que soy, un espíritu puro,
entero, completo, y feliz; para disfrutar todas las bondades,
regalos, y milagros, que el Mundo de Dios y sus Ángeles me
ofrece".

Así sea, así ya es, gracias, amén.

Oración de aceptación

Señor, hoy doblegó mi orgullo, el ego ante Ti, y pongo ante
Tus pies mi dolor.

Soy consciente que no tengo el control de los desastres
naturales en el plano terrenal.

No tengo el control de las guerras y la destrucción.

No tengo el control de deshacer las enfermedades que se
aferran a las mentes y a los cuerpos.

No tengo el control de las decisiones y actitudes de los demás.

Tampoco puedo comprometer u obligar a mi hermano a tener
fe.

No puedo detener el envejecimiento del cuerpo.

No puedo detener la muerte de niños, mujeres y ancianos, e
inocentes.

Señor, Tú estás en control de mi vida, del mundo y el universo.

Ayúdame, a no solamente ser consciente, sino a aceptar Tus
designios.

Dame la fe inquebrantable, la paciencia y la fortaleza, para
soltar el control y no vivir en oposición.

Dame, Señor, aceptación para vivir como un cuerpo y actuar
como un alma, un alma pura y santa, merecedora de toda Tu
gracia.

Así ya es, amén.

Oración de alabanza y ruego

Señor, hoy dirijo a ti mi alabanza.

Dios, Tú eres mi Padre, mi única esperanza.

Hoy te pido que invadas mi alma y mis pensamientos, y descansar en la paz de Tu "Espíritu Santo".

Señor, permíteme refugiarme en Tus brazos cuando el miedo azota.

Señor, aparta de mí el dolor, la tristeza, la ansiedad, y hazme sentir Tu misericordia y piedad.

Señor, quiero sentir Tu amor incondicional y Tu luz iluminando mi hogar.

Señor, no permitas que vague por el valle de sombras.

Apártame del camino de sufrimiento y dolor.

Levanta mi corazón y mi alma en las encrucijadas del mal.

Señor, no me desampares cuando lloren mis ojos al ver la muerte con desespero pasar.

Padre amoroso y misericordioso, te pido que seas mi fortaleza cuando mi fe se aleje.

Te pido con todo mi corazón que juntes mi luz a la tuya si no siento Tu amor.

Gracias, Señor, por Tu amor, misericordia y cuidado, amén.

Oración de fortaleza y rectitud

Señor, Tú eres mi roca y mi llamada de auxilio.

No apartes de mí Tus ojos y ve mi necesidad.

Que Tu oído esté pronto a escuchar mi plegaria.

Cuando cruce el valle de dolor, sé mi guía y mi consuelo.

Cuando el dolor se clave en mis entrañas, sé Tú mi sanación.

Si me encuentro en ansiedad, calma, Señor, mis miedos.

Si estoy en el hospital, sé Tú, Señor, mi médico.

Si un día me siento prisionero, hazme libre, aunque esté
encerrado.

Si mi hogar se está destruyendo, sé Tú Señor, el arquitecto, el
arquitecto que edifica mi vida y la de mi familia.

Señor, cuando mis pies estén cansados de caminar, dame
fuerza.

Cuando mi boca no hable palabras de verdad, exhórtame.

Cuando no esté en mi verdadera misión de vida, guíame por el
camino correcto.

Ayúdame a guiar a mis hijos(as) con amor y rectitud.

Ayúdame a ser un(a) esposo(a) prudente, que disfruta de la
compañía en pareja.

Ayúdame a ser el(la) hijo(a) que mis padres anhelan, y que
podamos relacionarnos con amor.

Ayúdame a amar, respetar, y a disfrutar de la compañía de mis
hermanos desde el amor.

Ayúdame a no ver a mi hermano como enemigo.

Ayúdame a ser piadoso(a), clemente y compasivo(a).

Ayúdame perdonándome para ser perdonado(a).

Así ya es, amén.

Oración de protección contra mis enemigos

Señor, Dios, Padre amoroso, escudo de fortaleza.

Hoy vengo a Ti a pedirte que mandes a Tus Ángeles de la protección a protegerme de mis enemigos, porque yo no sé quiénes son.

Señor, yo confieso que no tengo deseo de hacerle daño a nadie, pero si en mi mente Tú ves ese deseo, te pido que lo disuelvas y lo conviertas en amor.

Te pido que quien quiera hacerme daño se aparte de mi camino y lo llenes de bendiciones y amor.

Señor, Dios, te pido que apartes de mí mis miedos a sufrir el azote de mis enemigos, pero si hay alguien quién en su afán de desahogar su dolor, quiera hacerme daño, protégeme, Señor.

Protégeme, Señor, de una mente deseosa de venganza.

Protégeme, Señor, del dardo de mi enemigo.

Protégeme, Señor, con tu escudo, de las flechas, las dagas, las espadas, protégeme, Señor.

Del plomo y de todas las armas de fuego, protégeme, Señor.

Protégeme, Señor, de todo mal que mi amigo o enemigo lance contra mí, mi familia y mi hogar, protégeme, Señor.

Señor, no permitas que yo sienta enojo ni sed de venganza en contra de quien desea mi mal.

Señor, yo, con toda conciencia, respondo con amor a todo ataque espiritual, personal, mental, psíquico, o de cualquier otra índole y lo revoco en Tu nombre que es Santo.

Señor, Dios, yo con toda mi fe, declaró por mi libre albedrío que estoy protegida y resguardada bajo Tus alas hoy y siempre, hasta el infinito.

Así sea, así ya es, amén.

Oración para la hora de la muerte

Señor Dios, sé que mi vida terrenal se ha terminado y que ha llegado el momento de morir.

Padre amado, Señor dadivoso y piadoso, te suplico que me ayudes a aceptar que mi alma se despegará de mi cuerpo y volaré a Tus Altares Celestiales.

Ayúdame, amado Padre de misericordia, a desapegarme de las cosas banales de este mundo material.

Ayúdame a soltar mis miedos a dejar a mis familiares y amigos.

Ayúdame a soltar mis juicios hacia mí mismo(a) por los errores cometidos.

Ayúdame a pasar el valle de sombras y lágrimas desapercibido(a).

Ayúdame, a que, en el momento gris, llegue Tu luz y la compañía de Tus Ángeles a socorrerme.

Ayúdame, Padre amado, a tener una muerte sin dolor, a que tenga paz y sosiego mi alma en el momento de transición.

Padre, te pido que me ayudes a perdonar para poder transmutar y llegar limpio(a), tranquilo(a) y en paz, a Tu casa, mi hogar.

Permíteme, Señor, que, en mi transición, Tus Ángeles me ayuden a llegar.

Señor, no tengo dudas de que Tú me recibirás con Tus brazos abiertos porque eres mi Padre. Gracias por Tu bondad. Amén.

Oración para encontrar pareja

Señor Dios, Tú sabes que últimamente he sentido soledad.

Hoy vengo a Ti, Señor, para pedirte que me ayudes a encontrar pareja.

Tú sabes, Señor, que soy un ser tímido, con muchos miedos a relacionarme en pareja.

Te pido que Tus Ángeles del amor me acompañen en esta búsqueda.

Que pueda yo encontrar la pareja ideal y que se den las condiciones apropiadas para poder tener un encuentro.

Señor, que ese encuentro sea armonioso y propicio para los dos.

Que Tus Ángeles, Señor, nos brinden un ambiente fresco, amoroso y relajado, para poder abrir nuestros corazones y compartir nuestros más puros sentimientos.

Ayúdanos a que se pueda consolidar una relación de noviazgo y que pueda culminar en matrimonio, si esto es parte de nuestra misión de vida en el plano terrenal, y es en el mayor beneficio para mí y todos los involucrados.

Desde lo más profundo de mi corazón, te agradezco, Señor, por la compañía angelical que nos has brindado en esta relación de pareja, que ya es de gran bendición.

Así ya es, amén.

Oración para ser libres de injusticias

Amado Señor, Padre amoroso y bueno, yo te pido que me
ayudes, que me liberes de las injusticias.

Libérame, Señor, de las injurias.

Libérame, Señor, de las lenguas amenazantes.

Líbrame, Señor, de los malos juicios y de bocas que dicen
mentiras.

De palabras falsas e injusticias, líbrame, Señor.

De situaciones violentas, aléjame, Señor.

De juzgados y cárceles, líbrame, Señor.

Que mi pie no toque nunca prisión, Señor.

De cometer crímenes violentos, líbrame, Señor.

Que mis manos estén siempre limpias y blancas,
y con agua bendita, lávame, Señor.

Líbrame, Señor, de mis propios juicios y juicios amenazantes
de mis hermanos.

Yo respondo a todo juicio con amor y lo pongo ante Tus pies,
para que sea transmutado y convertido en amor puro y santo.

Así ya es, amén.

Oración por un padre enfermo

Amado Señor Dios, mirad con piedad y misericordia al hombre que me dio la vida en este plano terrenal, mi padre.

Señor, mi padre está enfermo, es casi un cadáver, está agonizante con un rostro pálido y en decadencia.

Señor, mi padre llora en silencio y te clama a gritos en su corazón.

Señor, el sufrimiento de mi padre es constante y doloroso.

Mi corazón se parte, Señor.

Señor, no apartes de él tu mirada; miradlo con compasión y amor.

Señor, te ruego con todo mi corazón que mandes a Tus Ángeles de sanación a acompañarle.

Permite, Dios bendito e infinito, que la percepción de enfermedad desaparezca y que mi padre tenga paz.

Señor, si ha llegado el momento de la trascendencia de mi padre, ayudadle a hacer su cambio desde el amor en la compañía de Tu luz bendita.

Señor, bendice el alma de mi padre y libéralo del sufrimiento.

También Señor, te pido para que yo pueda aceptar lo que tenga que ser conforme a Tus designios.

Alienta mi corazón y libérame de juicios, al igual que a mi padre.

Gracias por la sanación de mi padre, Señor.

Así ya es amén.

Oración para sanar el duelo

Señor Dios, te pido que me ayudes a sanar mi corazón de este dolor de pérdida.

Señor, el duelo de la pérdida de mi ser querido me está consumiendo.

Tengo una daga traspasando mi corazón, porque no comprendo por qué mi ser querido tuvo que partir dejándome en el olvido.

Me siento desesperado(a) y ansioso(a), Señor, en este momento necesito Tu ayuda.

No tengo consuelo para calmar este dolor, la ansiedad me está consumiendo.

Ayúdame, Dios del universo, Padre bueno, a aceptar la muerte de mi ser querido y a sobrellevar con amor este dolor.

Señor, te pido que le des paz, tranquilidad, y sosiego a mi alma.

También te pido que ilumines el alma de mi ser querido y que lo guíes a Tus Altares Celestiales.

Te ruego que el alma de mi ser querido y la mía sean guiadas por Tus Ángeles de paz y sanación.

Te imploro, Señor, que cada alma viva su aprendizaje bajo Tu gracia, misericordia, y bondad infinita.

Así ya es, amén.

Oración para un ser querido hospitalizado

Amado Señor, Dios, te pido que en este momento de
tribulación y de desespero, mandes a Tus Ángeles a
ampararme.

Padre bueno y bendito, luz de sanación, te pido que le des a
mi ser querido, la fortaleza para sobrellevar esta situación de
enfermedad.

Padre amado, en estos momentos, a veces la fe se desvanece
y la confianza se pierde; por eso te suplico, Señor,
que le des a mi ser querido, toda la fuerza que esté necesitando
para salir de esta enfermedad en victoria.

Con amor te pido Padre, que los doctores y los enfermeros de
este hospital sean guiados por Tus Ángeles, para que mi ser
querido reciba la sanación y pueda salir del hospital pronto.

Señor, yo confío en Tu amor, Tu misericordia y Tu fuerza
infinita para darnos la sanación que ya es nuestra.

Yo confío en que mi ser querido ya es sano.

Así ya es, amén.

Oración para alguien que está en la cárcel

Amado Señor Dios, te pido que Tu mirada no se aparte
de mi ser querido, que está privado de su libertad.
Permite, Señor, que Tus Ángeles le acompañen y le den
consuelo y empoderamiento en estos instantes de tribulación.
Señor, no permitas que yo haga juicios sobre la culpabilidad o
inocencia de mi ser querido; si ha cometido un error, te pido
que sea consciente y que trate de rectificar su comportamiento.
Tú, Señor, abogado del Cielo, te pido que intercedas para su
libertad, su libertad física y la libertad de su alma.
Ayúdale a tener fe y confianza en Tu protección infinita y
divina.
Señor, si esta situación de encarcelamiento de mi ser querido es
parte de su aprendizaje en su misión de vida, te pido, Señor,
que alientes su corazón, que le ayudes a poder sobrellevarlo
desde el amor, y que Tú le brindes Tu protección y cuidado en
todo momento.
Padre bueno y amoroso, también te ruego e imploro, que me
des a mí la fortaleza para poder sobrellevar el dolor de la
ausencia de mi ser querido.
Señor, dale fortaleza a mi corazón y aparta de mí el miedo y la
ansiedad.
Yo confío en Tu misericordia y amor infinito.
Así ya es, amén.

Oración para un moribundo

Amado Señor, Dios, Creador de todo lo que existe,
Tú nos creaste a Tu imagen y semejanza, esto significa, Señor,
que somos como Tú, Espíritu. Pero en este momento, mi
hermano se está percibiendo como un cuerpo material,
desgastado y enfermo que está cerca de morir.
Señor, te pido que ayudes a mi hermano moribundo a tener la
percepción correcta de lo que él es en realidad, un espíritu
encarnado en un cuerpo. Un cuerpo que le ha ayudado a
cumplir su misión terrenal y que ha llegado la hora de dejarlo.
Padre, ayúdale a comprender a mi hermano moribundo que
siendo, Señor, como Tú, significa que vivimos para siempre en
espíritu, solamente el cuerpo es perecedero.
Con toda mi fe y amor, Señor, te pido que ayudes a mi
hermano a aceptar que su cuerpo material morirá, pero no su
espíritu.
Ayúdale a que suelte el apego al cuerpo y al plano terrenal.
Ayúdale, Señor, a elevar su espíritu y a trascender sin dolor.
Señor amoroso, Padre bueno y misericordioso, te pido que una
nube de Ángeles le acompañe y le guíe a Tu luz infinita para
que pase el valle de sombras desapercibido y sea recibido en Tu
casa, su hogar; nuestro hogar, Señor.
Así ya es, amén.

Oración para un desaparecido

Señor Dios, Padre amoroso y misericordioso, vengo con toda
mi fe puesta en Ti, para que me ayudes a sobrellevar este dolor
que siento por la desaparición de mi ser querido,
te pido que me des fortaleza para entender y aceptar lo que está
sucediendo.
Padre, yo sé que bajo Tus ojos nada está perdido porque nada
ni nadie puede esconderse de Tu mirada.
Tú conoces el paradero de mi ser querido y sabes también
cómo se encuentra.
Señor Dios, te pido que, si mi ser querido va a regresar a casa
en este plano terrenal, que es mi gran anhelo,
lo guíes en su regreso.
Señor Dios, Tú sabes que yo lo estoy esperando con mis
brazos abiertos y con todo mi amor.
Amado Señor, si mi ser querido ya ha trascendido, te pido que
seas Tú quien lo reciba en Tu casa, con Tus brazos abiertos
acompañado de todos Tus Ángeles.
Ayúdale a atravesar el valle de sombras desapercibido con toda
Tu luz.
También te pido que me des la aceptación si mi ser querido ya
está en Tu casa.
Padre Celestial, te pido que me ayudes a soltar el control de
querer ver su cuerpo.
Pero si Tú me das la oportunidad de encontrar sus restos, yo te

doy las gracias anticipadamente desde el fondo de mi corazón. Sea, Señor, Tu voluntad, de acuerdo con Tus designios y que sea en mayor beneficio para mí, para mi ser querido, y todos los involucrados.

Así ya es, amén.

Oración para mi sanación

Amado Señor Dios, Padre misericordioso; te pido con todo mi corazón que veas mi sufrimiento.

No dudo, Padre, que Tú estás siempre a la vanguardia, pero es posible que mi percepción es diferente.

Señor, esta enfermedad está consumiendo mi cuerpo.

Me siento débil, derrotado(a) y ansioso(a), a veces siento que me has olvidado.

También entiendo que la dualidad no me permite sentir Tu amor, no puedo encontrarme con la parte santa en mí.

Señor Dios, con toda mi fe y fervor, te pido que mandes a Tus Ángeles de sanación a deshacer mi dolor.

Señor Dios, en el plano terrenal no hay esperanza, ayúdame a que pueda sanar mi cuerpo, pero más importante, ayúdame a sanar mi alma que está atormentada por el dolor.

Calma mi alma, Señor, y regresa el sosiego a mi espíritu en el plano terrenal o en el Plano Espiritual.

Señor Dios, te pido que apartes de mí el miedo, para poder sanar y continuar mi misión de vida terrenal si no ha terminado, o ayúdame a trascender sin angustia ni dolor.

Señor Dios, "yo por mi libre albedrío perdono y acepto Tu santa y amorosa ayuda en este momento de aflicción".

Padre, tengo la certeza y la confianza que bajo Tu gracia siempre estaré en victoria.

Así ya es, amén.

Oración para un cambio de vida

Señor Dios, Padre Santo y bueno, yo rindo mi vida a Ti para que seas el arquitecto de ella, refórmame, Señor como sea menester para mi aprendizaje y bienestar.

Te pido, Padre, que reformes mi carácter y mi personalidad para poder hacer mi misión de vida ayudando a mi hermano desde el   amor.

Yo entiendo, Señor, que como pensamos sentimos y como sentimos actuamos, por ende, te pido, Señor, que mis pensamientos sean amorosos y positivos; que pueda sentirme completo y feliz, que pueda yo actuar y reaccionar sin enojo, sin violencia, y sin juicios.

Señor, "hoy por mi libre albedrío me comprometo a cambiar y ser mejor, aceptando Tu guía divina y transformación".

Dame la fortaleza para poder llevar luz donde haya oscuridad, poniéndome Tú Señor, en el lugar donde debo estar, dándome Señor, las palabras que debo decir; guiándome Señor, en cómo decir Tus palabras, y a quién Padre debo de dirigir Tu mensaje.

Señor, que la nobleza en mi corazón sea grande, como grande es tu amor y gracia; para poder hacer mi misión de vida, trascendiendo todo dolor del pasado y estar siempre en comunión con Tu "Espíritu Santo".

Gracias, Señor, amén.

Oración para redirigir nuestro camino

Padre amado, hoy vengo a Ti para pedirte, que si estoy yendo
por el camino equivocado o en busca de cosas equivocadas;
Redirijas mi vida hacia la senda correcta.
Señor, no permitas que vague en el camino de la oscuridad y la
tristeza, redirige mi vida al camino del amor que me aparta del
mal y me lleva a Ti.
Padre, yo confío en Ti, en que no permitirás que vague por el
valle de lágrimas;
No permitirás que mis pies toquen las espinas en el camino;
No permitirás Señor, que la flecha y la lanza del enemigo
toquen mi cuerpo ni mucho menos mi alma;
No permitirás Señor, que vague en el camino de la oscuridad,
porque me acompaña Tu luz.
Gracias, Señor, amén.

Oración para entregar todo a Dios

Señor Dios, hoy vengo a Ti para entregarte todos
mis miedos y aflicciones.

"Hoy por mi libre albedrío, te entrego todas
mis preocupaciones y tristezas.

Hoy Señor, te entrego mis juicios y calamidades.

Como Tu hijo(a), confío completamente en Ti, Señor.

Padre, te entrego todo mi pesar, todo mi dolor,
y pongo mi vida en Tus santas manos".

Así ya es, amén.

Oración de fortaleza para aceptar lo que no puedo cambiar

Amado Señor, Dios, hoy vengo a Ti con mi corazón cansado
porque estoy poniendo resistencia en las cosas y situaciones
que no puedo controlar en el mundo y su naturaleza.
Hoy te pido que me des la fortaleza para aceptar Tu voluntad,
Tu voluntad de lo que no puedo controlar o cambiar en las
mentes y actitudes de otras personas.
Señor, también sé que hay cosas que yo puedo controlar por
mi libre albedrío, sé que hay cosas que yo puedo cambiar;
Como el mantenerme en mi mente recta y seguir Tu camino,
que es de amor puro e incondicional.
Señor, te pido que me des la fuerza para no culpar a segundos
o a terceros por mis problemas; ayúdame a ser responsable por
mis actos.
Gracias Señor, por darme la fortaleza para aceptar las cosas
que no puedo cambiar, porque son Tus designios o los deseos
de otras personas con diferentes filosofías que las mías.
Gracias, Señor, por Tu amor, amén.

Oración para tener una vida útil

Amado Padre Celestial, hoy vengo ante Tu Presencia con toda
mi fe puesta en Ti,
te pido que me ayudes a que cada día de mi vida sea útil y
pueda seguir creciendo, usando todos mis dones personales,
profesionales y espirituales.
También te pido que mis noches sean de descanso, de paz y
sosiego, y que mi alma esté siempre en comunión con Tu
"Espíritu Santo".
Te pido que mi hogar sea tranquilo, pacífico, lleno de Tus
cuidados, Tus bendiciones, y que pueda ver Tus milagros
manifestándose en mi vida.
Ayúdame, Señor, a que mi trabajo sea provechoso y que la
prosperidad en mi hogar sea abundante, recibiendo todas Tus
bendiciones con mis manos y mi corazón abierto.
Gracias, Señor, amén.

Oración para un esposo o esposa enferma

Amado Dios, Padre bueno y bendito, vengo a Ti con mi
corazón en mis manos para ponerte mi dolor bajo Tus pies.
Padre, mi esposo(a) está gravemente enfermo(a), su cuerpo
está debilitado y su mente en delirio.
El(la) hombre(mujer) fuerte y robusto(a) que yo conocí, ya no
existe.
Su autoestima, Señor, también se ha deteriorado, no lo(a)
reconozco.
Señor, su mirada está perdida y su mente en desvarío.
Su dolor, tristeza y agonía, se apoderan de él(ella),
está sufriendo, Señor.
Yo también tengo dolor por ver su sufrimiento, aunque no es
comparado con el suyo.
Te pido, Padre, que me fortalezcas y quites de mí mis miedos,
ayúdame a estar fuerte para ayudarle.
Señor, manda a Tus Ángeles a acompañar a mi esposo(a) y a
que le ayuden a calmar su dolor.
Regrésale, Señor, su estado natural, que es la sanación;
Padre, de no ser posible, porque ya ha terminado su misión de
vida en el plano terrenal, mándale, Señor, sosiego a su corazón
y que su alma pueda trascender en paz.
Ayúdale a tener paz en el plano terrenal o en el Plano Celestial.
Ten misericordia de su cuerpo y de su alma;

Padre bendito, ayúdale a cruzar el valle de la desesperanza desapercibido(a) por las sombras grises; que sean Tus Ángeles de luz guiándole en su camino.

Dame, Padre, a mí, la fuerza para aceptar esta situación dolorosa y ayúdame a sanar mi corazón para seguir con mi misión de vida terrenal.

Yo te agradezco, Padre, por toda Tu misericordia y bondad infinita, amén.

Agradecimientos

Mi gratitud y agradecimiento completo es para Dios Hijo, Dios Padre, Dios Espíritu Santo. El Espíritu Santo, tomó un rol importante en este libro de oraciones, cada palabra de cada oración está escrita bajo la intervención Espiritual.

Para la Divinidad, Padre, Madre, Infinito.

Agradezco a todos los Ángeles, a los siete Arcángeles, a mi Ángel de la guarda que siempre ha estado a mi lado. Doy gracias a mis Guías Espirituales que siempre han estado a mi lado guiándome en el camino material y en este bendito camino espiritual.

Doy gracias a mis padres por haberme dado la vida y haber cuidado de mí. Gracias por enseñarme los principios morales y brindarme su apoyo en mi crecimiento espiritual.

Doy gracias a mi esposo Miguel Quiñones, a mis tres hijas, Yesica, Aleyda y Wendy, y a mis tres nietos, Rachel, Ender y Athena, por brindarme su amor incondicional.

Doy gracias a Sandra Cisneros que es mi amiga, mi hermana, mi confidente. Gracias por siempre estar ahí para escucharme, gracias por tanto amor.

Gracias a la Lic. Sandra Cisneros, por su trabajo como editora, diseñadora de portada y del interior. Gracias por su esfuerzo, profesionalismo y dedicación.

Doy gracias a mis amistades por haber estado ahí siempre confiando en mí.

Doy gracias a todos esos estudiantes certificados alrededor del mundo, porque hemos sido maestros y estudiantes a la vez.

Gracias por la confianza a cada paciente que ha buscado mi consulta, porque hemos sanado juntos con el amor de Dios y sus Ángeles.

Gracias a todos mis profesores, desde el primer grado de primaria hasta mi especialización universitaria como doctora en psicología clínica.

Gracias a Carmen Getchell y Alba Luz Castellanos por su amistad.

Y para finalizar doy gracias al Maestro Jesús que ha sido uno de mis grandes guías espirituales, al igual que a mi Amado Arcángel Miguel. Gracias, muchas gracias.

Despedida

A cada persona que haya tenido la oportunidad de leer *Mi Pequeño Gran Librito de Oraciones,* les doy infinitas gracias.

Estoy segura de que cada vez que elevaron una de estas plegarias al Cielo, estaban siendo guiados(as) por la "Divinidad"; el "Espíritu Santo" fue su inspiración, y los Ángeles del Señor sus acompañantes. Tengo plena confianza también que cada una de sus plegarias fue escuchada y contestada. Pido también a nuestro Padre bendito que ustedes hayan podido ser testigos de los milagros en sus vidas, pero no solamente testigos, sino partícipes de las manifestaciones gloriosas de nuestro Señor. Pido con todo mi ser que cada uno de ustedes esté disfrutando de las grandezas de nuestro Padre. Recuerden, Dios está siempre presente en nuestras vidas, y la mejor forma de hablar con Él es a través de la oración. Si en algún momento sienten que no están en sintonía con la Divinidad, pidan ayuda al "Espíritu Santo" para que les ayude a entrar en el momento Santo. Mis oraciones y mi corazón se quedan con cada uno de ustedes. No olviden orar los unos por los otros para la sanación y salvación.

Que la paz del Señor sea con todos nosotros.

¡Bendiciones infinitas!

La familia de **"Spiritual World Publishing"** espera que
ustedes hayan disfrutado de este libro:

Mi Pequeño Gran Librito de Oraciones.

Si quieren recibir información o conocer más acerca de
"Spiritual World Publishing", pueden contactarnos en
nuestra casa publicitaria.

SPIRITUAL WORLD PUBLISHING

BQUINONES, LLC

500 N Rainbow Blvd, Suite 300,

Las Vegas, NV 89107

TEL. 702 538 2785

SPIRITUALWORLDPUBLISHING@GMAIL.COM

WWW.SPIRITUALWORLDPUBLISHING.COM

www.ingramcontent.com/pod-product-compliance
Lightning Source LLC
LaVergne TN
LVHW091209080426
835509LV00006B/914